# NOTICE

## SUR

# M. THOMAS RIBOUD,

PAR E. MILLIET.

BOURG, IMPRIMERIE DE BOTTIER.

**1838.**

# NOTICE

## SUR

## M. THOMAS-PHILIBERT RIBOUD,

ANCIEN DÉPUTÉ, PRÉSIDENT HONORAIRE DE LA COUR ROYALE DE LYON, OFFICIER DE LA LÉGION-D'HONNEUR ET SECRÉTAIRE DE LA SOCIÉTÉ D'ÉMULATION DE L'AIN.

---

Nul homme ne prit un soin plus religieux de la gloire de notre département que M. Thomas Riboud, et l'*Album de l'Ain* ne fait qu'accomplir un devoir en reproduisant quelques traits de la physionomie de cet écrivain distingué.

M. Thomas Riboud était un des débris de cette réunion d'hommes célèbres qui, vers la fin du siècle dernier, jeta sur tout le département de l'Ain un reflet si éclatant de gloire. Plus heureux que ses savans compatriotes, il put, dans sa vieillesse, respirer l'air si bienfaisant du sol natal, et mourir en paix à l'ombre de quelques arbres qu'il avait plantés. Nous savons tous la destinée de ses illustres amis : Lalande choisit la capitale pour y porter ses brillantes études astronomiques ; —— Joubert ne vit pas la glorieuse couronne dont ses compatriotes devaient ombrager son front ; —— Bichat usa trop tôt une vie précieuse à la science et à l'humanité; — Varenne de Fenille, l'agronome si instruit, disparut dans la tempête révolutionnaire.

Avons-nous rendu à ces concitoyens toute la justice qui leur est due? Non, puisque la statue de Joubert est la seule qui s'élève dans sa ville natale; et tant que nous n'aurons pas un monument, quelque modeste qu'il soit, érigé à la mémoire de Bichat, dans la cité qui vit le début de ses féconds et riches travaux, nous dirons qu'il reste pour le pays une injustice à réparer.

M. Riboud, magistrat, publiciste, historien et archéologue, naquit à Bourg en 1755 d'une famille ancienne dans le pays et originaire de la Savoie. M. Riboud nous apprend lui-même que, parmi les 87 notables qui, en 1535, prêtèrent serment à François Ier, après la conquête de notre pays, se trouvait un *Claude Ribod*, membre du conseil de la ville de Pont-d'Ain. La famille Riboud habitait en effet Pont-d'Ain vers le milieu du siècle dernier; elle possédait une chapelle sur laquelle on lisait : *Chapelle Ribod;* il est probable que c'est à la fin du 16e siècle que ce nom subit un changement.

M. Riboud fut reçu avocat à Dijon en 1774,

et il exerça à Lyon jusqu'en 1778. Quoique voué à l'étude des lois, déjà se manifestait en lui le goût de la littérature, des sciences, et il contribua à l'organisation de la Société littéraire de Lyon qui existe encore aujourd'hui.

De 1779 à 1791, M. Riboud remplit à Bourg les fonctions de procureur du roi au présidial, concurremment avec celles de subdélégué de l'intendant de Bourgogne en Bresse ; lui seul avait en mains l'administration de tout le pays.

En 1781, M. Riboud était déjà membre de diverses académies ; il débuta, à l'assemblée générale des Etats de Bresse, tenue les 23 et 24 avril de cette année, par un éloge de l'administration du ministre Necker et par un coup-d'œil sur le règne de Louis XVI jusqu'à cette époque.

En 1783, il posa les premières bases de la réorganisation de la Société d'Emulation de l'Ain, dont l'existence remontait à 1755 et était due à Jérôme Lalande ; M. Riboud rédigea un règlement et des statuts, proposa des sujets de prix et de concours. Il écrivit divers morceaux scientifiques qui furent publiés dans le *Journal des Savans* et dans le *Journal de Physique de Dijon*.

Mais le moment approchait où l'homme

studieux allait être enlevé à ses travaux et jeté au milieu de cette tourmente, la plus profonde qui ait bouleversé un État pour en faire surgir une réorganisation politique et sociale.

En 1787, M. Riboud préside l'assemblée générale des Notables de notre province. Il y prononce un discours sur l'administration ancienne et moderne de la Bresse. Déjà il appréciait bien le mouvement qui entraînait les esprits, et il s'efforçait de faire comprendre que les peuples ne pouvaient être heureux que sous une monarchie tempérée; il ne cessait pas pour cela de demander la réforme des abus et d'adopter tout ce qui était progrès. Dans cet aperçu sur l'ancienne administration de notre province, il essaie de recueillir ce qui avait été fait dans nos plus anciennes convocations d'États, dont il trouve les premières traces en 1403, sous le premier duc de Savoie qui convoqua les trois États des pays de Bresse et Bugey, afin d'obtenir *douze deniers gros* par feu pour payer la terre de Villars dont il avait fait l'acquisition.

Les trois ordres du baillage de la Bresse furent réunis à Bourg, le 23 mars 1789, par M. Riboud, alors procureur du roi au siége du présidial de Bourg, pour nommer les membres qui devaient se rendre à la convocation des Etats-généraux de cette année. Les assemblées se tinrent à Bourg, dans l'église des Jacobins, aujourd'hui démolie. M. Valentin du Plantier, lieutenant-général du baillage pe Bourg, prononça à l'ouverture de l'assemblée un discours qu'il termina par ces paroles qui déjà retentirent comme un triste pressentiment : « Puisse le Dieu de Clovis, modérateur de tous les esprits, les diriger tous au même but, et présider une assemblée dont dépend la gloire et la splendeur du nom français ! »

M. Riboud prononça aussi un discours, a l'ouverture de l'assemblée des Etats de Bresse, sur la nécessité de l'union réciproque entre les trois ordres et le gouvernement. Ce discours respire un patriotisme pur et éclairé, et quelques esprits s'étonneront peut-être que M. Riboud ait pu dire, à cette époque solennelle de 89 : « Jamais les opinions n'ont été plus libres, jamais gouvernement ne consulta la nation avec plus de modération et de franchise. Défions-nous donc de ceux qui parlent de despotisme au moment où il existe le moins. » — Les réunions durèrent dix jours. Les trois ordres du clergé, de la noblesse, du tiers-état de la province de Bresse s'envoyèrent mutuellement des députations pour se rapprocher et rédiger les cahiers des plaintes et doléances. Tout se passa avec ordre ; l'assemblée se sépara après un discours plein de dignité et de conciliation prononcé par M. Riboud, qui proposa de célébrer par des réjouissances cette *fête de l'union*, mais qui enfanta plus tard de si terribles orages.

Procureur-général syndic du département de l'Ain, M. Riboud fut envoyé en 1791 à cette assemblée législative qui porta une main hardie sur nos anciennes institutions, tandis que de l'autre elle lançait sur l'ennemi des armées pleines d'ardeur et de courage,

En 1794, M. Riboud dut subir aussi les persécutions du cruel Albitte qui le jeta en prison, mais le 9 thermidor le rendit à la liberté.

Nommé en l'an V à la place de commissaire du Directoire exécutif pour l'administration centrale, il prépara les élémens de cette vaste organisation unitaire qui détruisit les vieilles limites des provinces pour les transformer en départemens.

Depuis, M. Riboud occupa presque toujours des fonctions importantes. Chassé avec ses collègues du conseil des Cinq-Cents par les baïonnettes de Bonaparte, il vint à Bourg professer l'histoire philosophique à l'École centrale de l'Ain. Il fut ensuite appelé au Corps législatif, décoré en l'an XII et fait officier de la Légion-d'Honneur alors qu'il était président à la Cour impériale de Lyon. M. Riboud déploya une rare activité au sein du Corps législatif; il fut chargé de rédiger les procès-verbaux de la commission législative ; on les trouve écrits de sa main dans les sessions de 1808 et 1809. Ce fut l'époque de ses travaux en jurisprudence, en administration ; il fit des rapports sur les matières criminelles, sur les finances, sur le code rural. Le Corps législatif ordonna, en 1808, l'impression de son rapport sur le titre III du Code d'instruction criminelle.

Nous devons ajouter ici qu'en 1799 M. Riboud rassembla tous les habitans de l'Ain qui se trouvaient à Paris, pour rendre les honneurs funèbres au brave Joubert, emporté aux champs de Novi. MM. Riboud et Sonthonax y prononcèrent des discours où ils retracent l'héroïque valeur de notre compatriote. Que d'espérances il y avait alors parmi les habitans de l'Ain qui composaient cette réunion et dont M. Riboud nous a transmis les noms dont quelques-uns seront immortels : c'était Bichat, c'était Lalande, c'était Brillat-Savarin, c'était Richerand, c'était Récamier, et d'autres hom-

8

mes, tels que MM. Varenne, Hudellet, Voland,
Girod, qui aujourd'hui encore en conservent
le souvenir. Que le pays était noblement re-
présenté dans cette cérémonie funèbre! Il faut
voir aussi avec quelle émotion chaleureuse
M. Riboud parle des exploits de Joubert. Un
mot lui suffit pour montrer tout ce qu'il y
avait d'espérance pour l'armée dans ce jeune
général, et ce mot, c'est Bonaparte qui le
prononça en quittant la France pour la cam-
pagne d'Egypte; on le voyait avec inquiétude
s'éloigner des rivages de la patrie, mais il
répondit : *Je vous laisse Joubert......*

En 1813, M. Riboud annonce au Corps
législatif la mort du général Dallemagne, député de l'Ain. Quelques paroles éloquentes
rappellent à l'assemblée les principaux faits
d'armes de ce brave militaire, dont l'intrépi-
dité au pont de Lodi décida la victoire; il reçut
en récompense un sabre d'honneur du vain-
queur d'Italie; il mérita aussi une mention
honorable du Directoire pour ses brillantes
campagnes. Il y a de glorieuses pages dans la
vie de ce général, dont la carrière militaire
commence avec la guerre de l'indépendance
américaine et vient se terminer en 1809, en
Hollande, après avoir pris part à toutes les
campagnes d'Italie. Il se distingue au siége de

Mantoue par son courage et son sang-froid.
A Lonado, il décide encore la victoire. *Le
combat fut long et incertain,* écrivait le général
en chef, *mais j'étais tranquille, la brave 32ᵉ
demi-brigade commandée par Dallemagne était
là.* N'oublions pas de dire que cet officier
distingué était né à Peyrieux, près Belley, et
qu'il fut deux fois envoyé par le département
au Corps législatif dont il fut secrétaire, vice-
président et questeur. M. Riboud a payé, au
sein de cette assemblée, un honorable tribut à
sa bravoure militaire et à sa capacité législative.

En 1815, après 28 ans passés dans les fonctions de la magistrature et 24 dans les fonctions
législatives, M. Riboud vint chercher le repos
dans la retraite et dans sa ville natale. Alors
s'ouvrit pour son esprit toujours actif une
série de travaux d'un autre genre, et cette
nouvelle carrière ne fut ni moins utile ni moins
féconde que ne l'avaient été les premières an-
nées de sa jeunesse.

Devenu secrétaire de la Société d'Emulation
de l'Ain, il ranima le zèle de ses membres en
donnant lui-même l'exemple d'une rare assi-
duité; il reporta sur son pays, sur son agriculture, sur son histoire, cette patience d'é-
tudes et de recherches qu'il avait autrefois
déployée dans le champ plus vaste de la lé-

gislation et de l'administration générale. Déjà
pendant le cours de sa carrière administrative
ou judiciaire, il n'avait négligé aucune occasion
de s'occuper de son département; c'est alors
qu'il écrivit des notices ou éloges sur le père
Favre, Théodore de Montanai, Monnier,
Poivre, Golléty, de Bohan, Bichat, Ozun, etc.

Peu d'hommes de notre contrée ont fait mar-
cher de front autant d'ouvrages divers, et si
beaucoup de ses écrits ne sont pas placés au
rang qu'ils auraient dû occuper, peut-être
ne faut-il l'attribuer qu'à ce désir de tout
embrasser, qui lui fit disséminer des forces
qui auraient pu être, avec plus d'avantage,
reportées sur un seul point.

Dès qu'il eut repris sa place au sein de la
Société, M. Riboud fut chargé de la rédaction
des comptes-rendus annuels; ils embrassent
les travaux de la Société depuis sa fondation,
en mentionnant ou analysant avec fidélité tous
les ouvrages ou mémoires publiés par des
membres de la Société ou lus au sein de ses
réunions. Ces comptes-rendus sont des docu-
mens précieux pour faire apprécier le mouvement littéraire ou scientifique dans nos
contrées, pendant une période de 80 ans.

Dès-lors aussi M. Riboud se mit à explorer
le département dans tous les sens; il fouillait

les entrailles de la terre pour étudier la géo-
logie et la minéralogie, et ses recherches pu-
bliées sur les précieux dépôts du gisement de
Seyssel, annonçaient déjà la fortune que pro-
cureraient à ceux qui voudraient l'exploiter,
l'asphalte de Pyrimont; il a publié également
des mémoires sur toutes ses recherches, et
prouvé déjà que quelques autres points de
notre département renfermaient des matières
bitumineuses. Un passage des historiens de
Thou et Daniel rapportait « que Henri IV ayant
« fait un traité avec les Suisses, chacun des
« députés reçut une médaille d'or tirée d'une
« mine nouvelle, découverte en Bresse. » Les
recherches de M. Riboud confirment l'opinion qu'il n'existe aucune mine aussi précieuse
en Bresse, et que ces médailles provenaient
vraisemblablement des mines de la Gardette
( Isère ). Il est certain néanmoins, d'après
l'avis même des savans les plus distingués,
que le Rhône roule des sables aurifères dans
la partie qui arrose le pays de Gex.

Un événement se passait-il sur notre globe,
M. Riboud était à l'étude pour en suivre les
influences sur notre contrée. Le tremblement
de terre de 1817 et ceux qui le suivirent, lui
fournirent des mémoires intéressans, fruits
que ses courses sur tous les points de notre sol

pour vérifier les dislocations produites par ces commotions.

En 1817, on démolit la prison de Bourg, débris des palais des ducs de Savoie; M. Riboud décrit minutieusement tout ce qu'on y découvre d'important, et les vestiges romains qu'il croit y reconnaître.

Les bois, les haies, les étangs, les cours d'eau et les moyens de les utiliser, le dessèchement des marais, l'hygiène domestique et vétérinaire, tout devenait pour notre compatriote l'objet de dissertations intéressantes, dès qu'elles pouvaient être utiles au pays. Aujourd'hui encore des sociétés savantes avec lesquelles il entretenait une correspondance active, réclament ses écrits pour y puiser des renseignemens.

Mais l'histoire, mais nos débris de châteaux forts ou de monumens, sont pour lui des objets de prédilection. Partout où il y a quelque vestige d'antiquité, on est sûr de reconnaître la trace des investigations de M. Riboud; il a refait ainsi, par fragmens divers, une histoire presque complète de notre pays; il ne manque qu'une main habile pour pénétrer au milieu de ce dédale de brochures et pour en coordonner les matériaux précieux, en élaguant tout ce qu'il peut y avoir d'inutile.

Je ne prétends ni défendre ni accepter toutes les opinions émises par M. Riboud : son zèle l'emportait parfois trop loin, et il se livre souvent aux conjectures les plus hasardées, comme il donne des interprétations que de nouvelles recherches ont aujourd'hui complètement réfutées.

Dans ses études sur notre département, que nous pourrions classer en trois parties, M. Riboud a groupé tous les faits historiques qui s'y rattachent.

Dans la première, nous trouvons plusieurs récits sur les faits antérieurs à la venue de César dans notre province. M. Riboud prétend que, dans cette hardie manœuvre par laquelle Annibal fondit tout à coup sur Rome, il partit du confluent du Rhône et de la Saône pour venir jusqu'à Yenne, au pied du Mont-du-Chat, en traversant notre département. M. Riboud a écrit plusieurs dissertations sur le mur construit par César pour s'opposer au débordement des Helvétiens, sur les traces de castramétation laissées par ses lieutenans en divers endroits de notre province, et enfin sur cette mêlée terrible et sanglante qui eut lieu, en 197, entre Septime-Sévère et Albin, non loin de Trévoux. M. Riboud a corroboré de quelques faits nouveaux l'opinion de plusieurs historiens qui pensent qu'il existait sur le territoire de Brou, presqu'en face de la belle église de ce nom, une ville romaine qui a été ravagée par Attila ; il a cherché à expliquer tous les débris romains et toutes les inscriptions qui ont pu échapper à la destruction du temps et des hommes ; mais souvent, dans son désir d'enrichir son pays de faits historiques, il a été entraîné loin de la vérité probable.

La seconde partie des écrits de M. Riboud comprend les événemens écoulés depuis la chute de l'empire romain jusqu'aux croisades ; il a commenté et encadré sous la forme historique tout ce qu'il a pu découvrir sur le moyen-âge ; il a décrit et noté toutes les richesses féodales. C'est ainsi qu'il s'est fait l'historien des châteaux forts de Jasseron, de Chandé, de Pont-d'Ain, de Villars. Ramené sur le terrain de l'histoire générale par de solides études, il traçait parfois de plus vastes aperçus et examinait tout le système de la puissance féodale, le décrivait dans ses détails et le suivait dans toutes ses conséquences et jusqu'à sa chute.

Pour prendre part aux croisades qui se précipitèrent sur l'Orient, beaucoup de seigneurs abandonnèrent leurs châteaux et leurs domaines. Depuis cette époque jusqu'à nos jours, M. Riboud a trouvé encore matière à de nombreuses publications que nous classerons dans la troisième partie de ses travaux. Il parcourait le département pour visiter les châteaux délabrés, les vieilles tours croulantes ; il a écrit en présence de ces majestueux débris du passé des méditations pleines de tristesse et des pages véritablement éloquentes ; puis, dans un dernier effort, il recueille tout ce qui subsiste de la puissance féodale pour en pénétrer et en conserver l'histoire. Il cherche à expliquer les poypes ; il esquisse les quarante ou cinquante petites villes fortifiées que comptait notre pays ; il nous apprend que Henri IV maudit un jour les boues de Jayat dans lesquelles il avait failli rester enseveli. Enfin, après nous avoir montré, dans leur origine, les forts de Pierre-Châtel et de l'Ecluse, M. Riboud nous ramène devant la citadelle de Bourg, une des plus fortes du temps, et qui fut rasée pour une misérable querelle. M. Riboud pense que les arbres placés à l'entrée de l'allée du Mail, formaient l'avenue de cette forteresse, et qu'ils pouvaient avoir 275 ans d'existence. La ville de Bourg a été aussi largement étudiée par notre compatriote. Son histoire, ses édifices, ses établissemens, ses promenades, ses vestiges de quelque prix, tout a été minutieusement décrit et commenté (1). Le style de M. Riboud est constamment pur, correct, élégant; il prend même quelquefois une élévation et une forme épique que ne comporte pas toujours le sujet.

Venu avant la révolution qui dévasta notre belle patrie et y laissa plus de ruines que les siècles et les invasions des barbares, M. Riboud a pu assembler des matériaux à jamais précieux pour notre histoire. Il semble que cet homme érudit et laborieux prévoyait déjà le mouvement politique, industriel et artistique qui nous emporte aujourd'hui.

En parcourant ses nombreux écrits, un vif mouvement d'orgueil national et de reconnaissance a fait battre notre poitrine, car il n'a pas dédaigné, cet homme distingué, de se

(1) On trouve dans les N°ˢ 9 et 10 du *Journal de la Société d'Emulation de l'Ain* (année 1835), à la suite d'une notice remarquable que M. Garadoz consacra à M. Riboud, le catalogue aussi complet que possible de ses ouvrages et brochures. On pourrait les énumérer ainsi : 16 en géographie et histoire relatifs au département de l'Ain en général; — 10 spécialement consacrés à la ville de Bourg; — 5 en biographie; — 23 mémoires ou comptes-rendus pour la Société d'Emulation de l'Ain; — 8 à l'agriculture du pays; — 18 en législation ou jurisprudence; — 3 en littérature; — 10 à l'administration publique; — 6 aux sciences, outre de nombreux manuscrits.

consacrer tout entier à la gloire de son pays. Rappelons-nous aussi que, grâces à ses sollicitations appuyées par un de ses collègues, la brillante basilique de Brou fut déclarée *monument national* par la Convention, et préservée ainsi de mutilations irréparables. La nation, en effet, doit être fière de posséder presqu'intact un tel chef-d'œuvre.

M. Thomas Riboud succomba au mois d'août 1835, et, au moment où nous écrivons ces lignes, sa veuve va le rejoindre dans la tombe qu'il s'était choisie lui-même au village de Jasseron, au milieu du champ de ses pères. Là au moins ses ossemens seront respectés, car nous n'avons pas oublié ces vers d'une touchante piété que lui adressait, il y a peu de temps encore, un de ses petits-fils :

> Et vous mon bon aïeul dans la tombe endormi,
> Des arts, des monumens, vous le constant ami....
> Restez à Jasseron où finirent vos jours,
> Sous les peupliers verts dormez en paix toujours.

Si un jour le département de l'Ain compose une galerie des hommes qui ont travaillé à sa gloire, M. Thomas Riboud devra y occuper la place que lui ont bien méritée ses longs et utiles travaux et un dévouement incontestable.